AFONSO
HENRIQUES
NETO

A OUTRA
MORTE
DE ALBERTO
CAEIRO

COPYRIGHT © 2015, AFONSO HENRIQUES NETO
Todos os direitos reservados

COORDENAÇÃO EDITORIAL
Renato Rezende

PROJETO GRÁFICO E DIAGRAMAÇÃO
Rafael Bucker

PRÉ-IMPRESSÃO
Editoriarte

REVISÃO
Leandro Salgueirinho

Dados Internacionais de Catalogação na Publicação (CIP)
(Câmara Brasileira do Livro – SP, Brasil)

Henriques Neto, Afonso
    A outra morte de Alberto Caieiro
    1ª ed. – Rio de Janeiro: Editora Circuito, 2015

ISBN 978-85-64022-70-6

    1. Poesia brasileira 2. Literatura contemporânea

                                  CDD-B869.1

Índices para catálogo sistemático
1. Poesia brasileira

A OUTRA MORTE
DE ALBERTO CAEIRO

Afonso Henriques Neto

UM
IMAGINÁRIO
COLÓQUIO

Lembro-me a ler e reler *O guardador de rebanhos*, de Alberto Caeiro, enquanto pensava sobre as razões daqueles versos me levarem da admiração mais veemente a um difuso malquerer em rápido salto. Recordava que o meu modo de ver o mundo se aproximava bem mais das reflexões sobre o enigma da existência constantes da poesia do ortônimo Fernando Pessoa e de outro heterônimo, Álvaro de Campos, que da claridade transbordante de Caeiro. Dava-me conta, dessa maneira, que o radical naturalismo de Alberto Caeiro sempre me incomodara, e resolvi iniciar a construção de uma conversa de peito aberto com esse poeta que tanto apreciava e me comovia, quanto me desconcertava e conduzia àquele confuso sentimento de alma imersa em labirintos de luz e sombra misturados. E me veio, desse modo, forte e ambicioso desejo de reescrever a ficcionada trajetória de Caeiro, tecendo outros caminhos que pudessem lançar nosso vago personagem a um diverso destino. Principiei a produzir febrilmente versos. Quando terminei, percebi duas coisas: primeiro, que a obra se fechara em 47 segmentos e, ao colocá-la ao lado de *O guardador de rebanhos*, vi que este possuía 49 partes. Escrevi, então, mais dois poemas para que o meu livro tivesse o mesmo número de peças, pois me pareceu que construir tal simetria emprestava maior nitidez ao diálogo que buscara compor. Em segundo lugar, notei que a escrita durara dois meses para se completar, o mesmo tempo que Fernando Pessoa levara para escrever *O guardador de rebanhos*. A coincidência fixou em mim a convicção de que deveria publicar o trabalho sem mexer em mais nada. Trata-se, em última análise, de simples, direta homenagem ao mestre, uma vez que, sem a referência da poesia de Alberto Caeiro os poemas deste livro perderiam muito em sentido. Vamos, assim, ao imaginário colóquio, quando o meu discurso se deixou em grande parte guiar pelo influxo do avesso das ideias contidas na solar obra do heterônimo de Pessoa.

Tudo, aliás, é a ponta de um mistério. Inclusive, os fatos.
Ou a ausência deles. Duvida? Quando nada acontece,
há um milagre que não estamos vendo.
Guimarães Rosa

Se víssemos realmente o universo, talvez o entendêssemos.
Jorge Luis Borges

Ah, mas aqui, onde irreais erramos,
Dormimos o que somos, e a verdade,
Inda que enfim em sonhos a vejamos,
Vemo-la, porque em sonho, em falsidade.
Fernando Pessoa

I

Árvores são ossos de verdura, pedras e animais se imobilizam e se movem
no arderem cálcio e lava sanguínea, tal o sorriso da menina que passa
em ser belo, tão belo quanto a menina que segue sem pensar
que leva com ela um relâmpago nos lábios,
tudo isso sabemos a cada instante (no modo natural de conhecer
de mestre Caeiro?), pois tudo afinal é tão-só
o que é ou supõe ser, sem metafísicas, sem um interior
cheio de música ou vazio de silêncio, sem nada além de flor
a se abrir flor para emurchecer em simples sopro de entardecer.
Por isso tento afastar com todas as forças
aquilo que o paganismo de mestre Caeiro dizia ser
doença dos sentidos, loucura própria de filósofos
ou místicos, isso de conduzir uma angústia inominável,
algo além dessa qualquer coisa que é somente
qualquer coisa, e me ver então perdido no buscar
o que não há, mas brilha tão forte quanto um sol noturno,
uma força, resplandecer de vento escuro que não é o vento,
e por isso mesmo saber não haver forma de explicar.
Pois não poder explicar é amargo olhar, áspero tocar
cada coisa por conhecer quanto é confuso
não soar mistério algum no fundo deste enigma
das coisas respirarem tão nuas, tão entregues
ao gratuito tempo, às armadilhas do neutro
ou do arruído, às ardidas substâncias
com que docemente adormecemos a nenhuma
explicação que sabemos crescer com elas,
e esse ir-se embora de toda maneira, por cima
ou por baixo do segredo que em tudo sempre faz leito,
pois ninguém sabe o que sonha aqui de todo jeito.

II

É que há uma treva sem nome, apesar de apenas
treva, sombra que desconforta ao sol
mais refulgente, na medida em que o barco desce
caminhos de escuro e sonho, pois o real só é real
se houver a conspiração do sonho a carrear
fundas raízes para imprecisa foz, verbo sem voz,
final sem enigma, suposta maneira
de sacudir a mão e saudar o mistério
quanto menos soubermos da vida,
dos rumores do acaso que sobem da rua
carregados pelo destino, atados até o fim ao destino,
lucífugos sopros em desatino,
cão a rosnar manhã nublada
não importa a que sentido.

III

Ultimamente não tenho lido grandes poemas
porque sei não mais me importar
sair por essa eterna porta que se abre
para um passado que já não é o antigamente,
uma vez que o esvaído é vida sem poder existir
a não ser por um desconforto na memória, falsa
imagem de qualquer foto, pretenso filme a mover visagens
por lugares que escorrem máscaras da impermanência.
Depois este frio feroz que me cobre de impropérios
e faz descer a cortina sobre a cena figurada em nada,
do mesmo jeito que ultimamente
tenho chorado meus mortos com os olhos secos
para o lado do trevoso silêncio que tais fantasmas
me deixam entre desolado e descabido,
memória de vento que é permanência
de mistério quanto mais sei não haver chave alguma
para abrir essa eterna porta derramada
sobre o que afinal nunca importa.
Um buscar inúteis reinos com tamanhas chaves tortas.

IV

Por isso retorno a tudo quanto grita aos meus sentidos
a perfeitíssima lua de nada haver no fundo da lua
a não ser lua, lua, lua, lua, lua.
Isto é verdade nua, palavra lua que me enlouquece
quanto mais estranha ela me aparece no céu transparente
de infinito que nunca havemos de apreender.
Ah se pudesse me largar na paz
dos mestres para quem a natureza fosse só a natureza
e não o inacessível abismo por onde escorrego
ausência insuportável de palavras que me carregasse
em braços de vácuo para a paz que sempre busquei
em lua que fosse só lua
e não a insaciável medusa a digerir essa esfinge
nua, nua, nua, nua,
algo que fosse mais que lua nessa loucura de fingir
que tenho a paz de um mestre imenso
a me mostrar que a lua lua é tão nua nua
quanto essa pedra de horror que desconheço na rua.

V

Não sei cantar uma vertigem quieta, um silêncio
que emergirá da aceitação sem mistérios.
Sigo exausto o caminho de outras eras
que nada mais é que chão polido em ocos pensamentos.
Quem me dera um deus a descer sei lá de que poderes
a vir me habitar qual um casaco que coloco
contra um frio que nada há de solver.
Flores serem só flores, frase a gritar
geleiras de nenhum possível saber.
(Intraduzível
a ocultar a forma exata
do som de cada palavra
porejada no invisível.)

VI

Há máscara onde haveria um rosto,
há uma pele implausível onde deveria haver
a superfície opaca ou polida de alguma coisa,
pura metáfora que são nossos pensamentos
a buscarem tocar o intangível,
então dizermos ser inútil pensar,
que o certo é estar quieto e no vento descansar.
Mas o que é viver para além do pensar
que também não seja a gargalhada
sempre atada ao mesmo inescapável pensamento?
No fundo amo profundamente a máscara
a que chamamos de rosto
e no mais pacificado desgosto digo a mim mesmo
de nunca beijar a paz,
já que haver máscara ou rosto é sopro de tanto faz.

VII

Em noite sem lua me vi por uma rua deserta,
tão deserta que me colheu a vontade louca
de nunca voltar atrás,
seguir por dentro da tumba que se abria em negros cristais
quanto mais seguia os rastros dessa aberta escuridão.
Uma noite sem coração me enfiou pelo mistério
de meus olhos nada verem para além da noitidão.
Como eu me via então contente, como me via
sem ter que profundamente voltar à casa,
à segurança de saber que cada coisa é a própria coisa
sem esta desesperança de que o enigma há de me envolver
tal uma coberta de bruma na rua deserta
onde escuro é fuliginosa tumba
que nada vai resolver.
A noitidão era qual um coração
onde a treva depositava a imensidão desolada
das coisas feridas por essa cega certeza
de que não haverá esperança
nem mesmo se uma legenda de espantos
explodir de ponta a ponta nos céus
a revelar que o real jamais terá transcendências,
misticismos ou esfinges que rasguem a escuridão
por essa noite sem lua que me assombra o coração.

VIII

Que o mais espantoso não seja ouvir o sino da igreja
tanger as seis horas da tarde nessa forma do tempo
escoar ao som das badaladas
enquanto o olhar vagueia pelas nuvens e a montanha
esverdeada refoge ao sopro da noite,
úmidos ventos nesse esvair constante.
Que o mais espantoso não seja aceitar
a verdade de tudo ser o pio de um pássaro distante
que ritma o frescor do anoitecer
nos veios de um espelho cego
sem possível alvorecer.
Pois quem poderá dizer se amanhã
amanheceremos?
Cuidai dos beijos de hoje
inscrevei no corpo amado intensos fogos
incendiados verbos
pois quem haverá de polir
os sóis da nova manhã?
Sabemos pouco e do nada retiremos sonhos
para embalar uma noite a se fartar na delícia
do corpo amante.
Depois a aurora poderá mentir,
fechar nossos olhos
neste haver partir.
Quando tudo se for restará na grama o verso imóvel,
resto de primavera esquecido pelo tempo enorme.
Disformes os ossos uivarão silêncio.
Os países todos passarão num sopro
os poderes todos se esgotarão no logro
e quem séculos à frente for reler
o sonho feito da cinza de teu gozo amante
que ao menos saiba que do amor fluiu amor
mesmo no abraço por sempre agonizante.

IX

Todo amor sabe a mistério
mesmo se diga nada ser senão amor.
O velho ritornelo me incendeia as veias
aos pés de teu fulgor tão sempre amante
para acender a dança do eterno verso
vazado na flor de um diamante.
E vamos ao altar das coisas insabidas
para gritar que tudo conhecemos no abrir olhos
sobre paisagens escondidas.
A impermanência esfaqueia a impaciência
e o rio se arrasta para além de uma aérea ciência.
Entanto aqui estamos, aqui permanecemos
no corpo de tanta poeira que do corpo se levanta
em ausência de voz que inutilmente canta.
Todo amor sabe a enigma
todo o tempo puro minério sem mina.
Pobres fantasmas, pobres sinas
dissipadas no ar que assassina.

X

Que eterno para o homem é verso polido em sonho
que já não podemos ler no fundo da sombra sibilante
mas que talhamos na esperança de outro olhar
poder ao menos em vago instante reler vagas flores cintilantes.
Irreconhecer é tudo quanto resta ao nublado sopro
na espessa floresta de segredos multiplicados.
Mas para não infelicitar os mestres da natureza
retomemos a implausível certeza
de saber que este sol é apenas sol afogado de beleza.
(Mas afinal o que é beleza? Sol de que realeza?)
Sem pesar a estranheza
deixemos que o tempo que não seremos
cubra a infinita ausência
com luz que se desconheça.

XI

Por isso toda flor enlouquece
e os espelhos já não podem refleti-la
uma vez que a morte é para sempre.
Por que nos acenderam nesta redoma gelada
de mar e sexo e sol taciturno
para depois nos enfiarem pelas goelas de um cristal de sal
até o esfriamento
o desaparecimento absoluto?
Toda flor enlouquece porque não há despertar.
Nascemos para o sono no fundo arcano do fogo
e obscenos sonhos no intervalo dissoluto.
Tão absurdamente maduros para a gargalhada de ausência.
Por isso vaginas enlouquecem
(falos já estão fora do prumo
nos cósmicos faunos sem rumo)
e nunca será bastante tocar a flor transtornada.
Estúpido fim de qualquer jornada
a flor morde para sempre a inaceitável tarde.

XII

As mãos mergulham no mármore
para arrancarem vozes trancadas,
raízes de sombras amordaçadas.
Sabemos, mestre Caeiro, de tudo ser quanto é.
E quando se ausentam palavras?
Suor de meteoros no invisível.
Pois só se escreve poesia porque os barcos
se destroçam nos rochedos,
porque vamos nos perder nesse amanhecer
mais belo do que um cosmos de gelo,
enquanto pássaros ferem o céu implausível
com seus bicos cravejados de ametistas,
celebração de hormônios para tumbas
que se escancaram junto às bocarras
infinitas do que fermenta universo.
Erguer bem alto o verbo do irrevelável.
Realidades paralelas que revoam o incognoscível.
Fluxo imêmore, leite astral a ganir
florações em cóleras por convulsas sinfonias,
radiações precipitadas de um delírio sem foz ou fonte
em que se dilaceram pássaros do júbilo e da agonia.

XIII

O que faz a planta perceber a iminente
primavera?
Que receptor em febre amplifica o sinal
da fatal radiação exterior?
Que fluxo complexo leva o cérebro a inquirir
da beleza da flor que grava primavera
em lava interior?
(Dizia Einstein ser a realidade somente ilusão,
ainda que muito persistente.)
Assim se insinua o intangível tempo
tigre fosfóreo no horto onde ruge
sempre morto?
Tempo quântico de universo em assombro nascente
cegueira da luz em sopa delirante
(como falar então de um antes
de um espasmo que ainda não era
sombras do nada flutuante?)
Titânico irromper de espaço e tempo
ou modo de dizer que de oca flutuação
a instabilidade cuspiu espanto por um botão
inflamado por matéria e antimatéria
explosão total no suar flor
irreversível semente das eras
até arder primavera.

XIV

Se digo do mistério das coisas
é que não tenho a menor ideia do que seja
esse famoso mistério das coisas
pois se o soubesse não queimaria em nenhum lugar
o relâmpago que me dói a alma
e que costumo chamar
à falta de melhor palavra
amplo mistério a escorrer pela superfície inominada
de todas as coisas, todas as cores.
Sei que os átomos se reúnem para formar qualquer matéria
e sei o quanto imaginam que conhecer isso é já saber demais
dia de vertiginoso sol e outro quando a chuva esfria
mas sinto a solidão crescer em cogumelos absurdos
sinto os estatutos que plantam na carne o urânio demente
mastigarem enigmas em rubro desconhecer
noite amassada de susto e dia nublado de ossos
enquanto o abismo arrepia e nada existe
nesse vento que a tudo soprara rumo ao inferno
de estrelas geladas
quem sabe o rosto do tal famoso mistério
que por ser mistério é quanto se oculta
no fundo dessa capa de sombra
por sobre vivos e mortos.

XV

ossos do crepúsculo ossos furiosos ossos
do assombro ossos de branca música ossos
espectrais na tremenda espera
ossos do esganar a treva tenebrosos
minerais ossos em defecar tanta terra
caroços de nunca mais cristalinos ossos
verbos destroços ossos trêmulos ossos radiosos
ossos de nosso pó em ossos de confins
do tempo ossos de não haver tempo
ossos só ossos esconsos a ossiflorirem ossos

XVI

É um carrossel de espantos que enfim gira por tanta vida
na certeza fria de que as mesmas vozes se guardarão
na concha de cada ouvido até a surdez do esganar
o tempo por vazias algaravias.
Tudo por conta do carrossel que nos gira
quando para os pés é não haver possível via
a conduzir qualquer certeza ao princípio
onde morte estremece.
Este estremunhar-se da morte é quanto gritamos
a vida embarcada em carrossel desde sempre em despedida.
E é um carrossel vazio.
Quando antes havia carne ainda reinava alguma alegria
ou rascunhos de alguns risos que testemunhávamos calados.
Hoje é carrossel todo em sombras
brinquedos aos pedaços
machucados.
Aguardamos a família morta nas filas secas do parque.
O chão está limpo e a tarde estende tapetes de cerimônias.
É um carrossel sem alardes.

XVII

E vinha na rua a ruminar sobre o que temos feito
pela destruição da natureza,
e mais uma vez os olhos de Caeiro brilharam
por entre a espessa vertigem devastada
(para ele a natureza era partes sem um todo).
Pois há muito vivemos na eliotiana terra desolada
a buscar defesa no inteiro sopro de Novalis: quanto mais poético,
mais verdadeiro. Mas nem a poesia nem a verdade
nada podem fazer contra o ubíquo cemitério
que seguimos tecendo no azul planeta maltratado.
Faz um século que Pessoa sonhou Caeiro
no cimo de um outeiro que dá para o indefinido
e é de lá que chegam sinais quase esgotados
para o diálogo que mantenho aceso
neste poluído tempo sem sentido.
Pescamos peixes cancerados, mestre Caeiro,
e nós próprios adoecemos
em meio às névoas químicas e às extinções em massa,
soterrados sob guerras que contaminam espaços.
Nosso encontro por sobre o abismo do mito
é quanto resta de esperança,
mesmo que os enigmas assustem,
todas essas esfinges que você desde sempre arremessou
para a lata de lixo junto com as mais confusas palavras.
Sei que o colar de espantos que atamos ao pescoço
faz você ter muita pena de todos nós,
homens das nuvens machucadas.
Não vou mais repetir o mantra
dos mistérios inesgotáveis
(mas conhecemos de verdade alguma coisa?)
Por um minuto que seja seguirei
sua sombra que nunca mesmo existiu
mas que de certa forma conforta
tal um bálsamo inventado para um planeta exaurido.
Neste único minuto sei de seu espectro

caminhar no escuro de meu quarto
e suspendo o pensamento para que passem os rebanhos
e todas as luzes de seu agrado.
Por sobre um século de distância
adormecerei no sorriso deste abraço.

XVIII

Com que fantasmas conversamos
sob sol esfuziante?
Não digo do algodão noturno
água silente
mas de luz a cantar sem voz na explosão da manhã.
E no entanto fantasmas
brancas gosmas que se infiltram
nos bruscos nervos vazios.
Com que fantasmas concertamos
as espirais de tanto espanto
esses amigos de sombra
quando sol é que calcina?
Este o problema que malsina.
Estar alegre quando o vento ensina
a verdade de não haver verdade
ou triste quando o sonho esvazia
a imagem de qualquer cidade,
que por detrás de tudo
o vulto enorme
assombração sem idade
no gemer mistério que não se alcança
pulso de sol que jamais descansa.

XIX

Vapores das joias do inferno
maceram a profundidade.
O poeta da claridade
dissolve o sonho assustado.
Das regiões do incêndio
sobe vapor cru
desses que decepam as mãos
corroem o sexo
sopram vento nu.
Que fazer da claridade
dos sóis que afligem auroras
se o vapor é tão intenso
se as joias se destroçam
de escuridade?
Os mortos cospem
nas bocas dos vivos
verbos acesos de eternidade.
Uma chuva que não molha
perfaz o desenho
por incertas obliquidades.
O poeta mergulha o corpo
na luz admirável
mas nada pode fazer
contra as joias podridas
a borra do tempo miserável.
Não há o que ser
na profundidade
quando os sentidos se perdem
e silvam almas pelo desastre.
Terrível conhecer
neste mundo não caber
a transparente claridade.

XX

Não houve mesmo lugar para a asa do entendimento.
Mais tranquilo é dizer que tudo é a face de um deus
em delírio.
Uma calma delirante?
Sermos rápido respirar da divindade inacessível
ou que se quis acessível neste brotar universo
por detrás da densa máscara.
Não me venha com essa paulada na cabeça
para que eu aceite sem perguntas o real.
Sei bem o que é o real
e é por isso que o desconheço.
Nunca houve mesmo lugar
para a asa sem fim ou começo.
(Todos embarcados no estranho avião
engessado de escuridão?)

XXI

Sempre gostei desta piada
que serve à maravilha
para evitarmos dar outra volta ao parafuso.
Sherlock Holmes e Dr. Watson vão acampar.
Montam a barraca e, depois de boa refeição, bom vinho
e um papo bem relaxado,
deitam-se para dormir.
Algumas horas depois, Holmes desperta e cutuca o fiel amigo:
Caro Watson, acorde, olhe para cima e diga-me o que vê.
Intrigado e ainda estremunhado, Watson responde:
Vejo milhares de estrelas.
Holmes então pergunta: E o que isso significa?
Watson pondera e a seguir enumera:
Astronomicamente, significa que há milhões de milhões
de galáxias e bilhões de bilhões de estrelas e planetas;
astrologicamente, observo que Saturno está em Leão
e teremos um dia de sorte;
temporalmente, deduzo que são aproximadamente 3:15h
pela posição da Estrela Polar;
teologicamente, posso sentir que Deus é todo-poderoso
e que somos por completo insignificantes;
meteorologicamente, suspeito que teremos
lindo dia pela manhã.
Correto?
Holmes fica um minuto em silêncio, antes de responder:
Watson, significa apenas que alguém roubou nossa barraca!

Ou seja: talvez as coisas sejam mesmo mais simples
do que nossa imensa capacidade de complicá-las.
Fecho as janelas e vou me deitar
com esse difuso mal-estar
por não querer pensar em nada.

XXII

E apago as luzes e deixo o silêncio fluir
de todos os lados até este coração de treva
a pulsar no indefinido.
Este nada acontecer é o acontecimento central.
Eu já estava avisado quando me deitei
por todo o desconhecer.
Tanto que não fechei olhos para a escuridão,
fiz dela trampolim entre silêncio e apagado espelho
bem ao lado da lua nova,
vácuo que nem havia,
que jamais me acontecera.
Pois aos poucos cada coisa se esfria
nada acende tudo desvairia.
O desacontecer anoitece na ausente cor das árvores,
invisível exausto de tanto se ocultar,
o que se arrefece e sopra o cego apelo,
tudo quanto não sente e formidável mundo.
Não termos as bordas onde agarrar,
o que explicar,
existir é pulso de sombra que se pensa tempo,
corpo que não é corpo, cova repelente,
por isso tranquei de repente portas, janelas, apaguei luzes
para nada se conformar
em grito, mudamente grito o que nada será percebido
e este o frio maior nas lâmpadas afogadas nos rios.
Acontecer o cristal que já é tudo dormindo.
Inúteis restos de palavras, próprio nada se exaurindo.

XXIII

Uma flor se esclarece no escuro.
Rosto que se inscreve no muro,
pedaço de treva sem pensamento,
face a se estilhaçar nas ruínas de amanhã.
O reino da esfinge é flor heráldica,
enorme, informe sentimento,
isto que formas desprovidas de cabeça pastam
nos jardins onde fontes se contraem
minúsculas serpentes vermiformes.
Há um vácuo que é depois de todas as mortes,
contraforte onde voz nenhuma feriu o combate
que nunca se conformou,
o que não se sustenta nesse tanger ausência
em cada palavra,
substantivo que não se apresenta
no que infinitamente já voou.
O extravio do abismo discursa para o auditório vazio,
oco que macera os textos mais virulentos.
Uma flor arranha o rosto até que acordemos,
até que a gritemos pelo nome, uivemos em flor, flor.
Tudo quanto imenso desanima
pois para que servirá uivar em flor?

XXIV

Nada servirá para nada, bem sabemos
quando a notícia paira um momento
à flor do sonho e então se espedaça
de encontro aos nossos olhos em clarão
insuportável,
esta notícia de morto mais recente.
E era com quem conversávamos
com tanto sol por cima
até tudo se curvar em nada
e os arvoredos escarlates cantarem na rude bruma.
Também os rochedos desamparados.
Sei que sou eu quem vai sentindo na superfície das coisas
que se deixam estar indiferentes a qualquer sentimento
e que isto é o fluir do miserável mistério
de que temos buscado sílabas para nada,
pedaço sem sentido de infinito entre desertos que gritam.
Pois se a notícia do morto for algo insuportável,
igual a este clarão de sombra a estrangular o sonho,
talvez seja a hora de tudo esquecer
tanto quanto se esquecem ossos
por esse coágulo de nada vibrar,
nada a vestir-se de nada,
vento que se ausenta no ar.

XXV

Da luz chega esse hospício de vazios
certeza de que nem a morte
é tão imóvel e crua quanto a chicotada nua
de luz tão quente
absoluta
sempre nascente poente
embrulhada em pergaminhos de treva
onde o embuçado vazio tenta riscar
algum verbo insabido
que para sempre fixasse
fora de tempo e lugar
sílabas de melodia criada
na explosão de um mistério
desmedidamente sem remédio
silencioso som a ressoar solidão.
Essas foram as primeiras palavras
mas as gargantas delirantes
a se ocultarem nas águas que fervem
diamantes em mãos dilaceradas
essas gargantas de palha e segredo
ocultaram por todo o sempre
as vozes que seriam necessárias
para preencherem o espanto.
E desde então
os mortos se moveram no sonho
e por nunca mais se fez sossego.
Por isso as lápides imploravam por paz
para os desassossegados de treva
quando as luzes dos ocos hospícios
aluídas se mostraram
em mil úteros de prata.
Luz semente
absoluta
sempre nascente poente.

XXVI

Vibrar a estrela na carne é sublime,
mas sabê-la arder sozinha e tão selvagem
constrói treva cruel no estranho lume
a se perder nas goelas da voragem,
vibrar a estrela na carne é sublime.

Pois as altas agonias se celebram
nas linguagens dos deuses superpostos,
astros que nos longes é que lembram
idas energias em tempos sotopostos,
pois as altas agonias se celebram.

Milhão de aves que secas já cantaram
para ácidos relógios da ferrugem
riscam o pó, áridas tumbas aram
do universo os abismos que então rugem
milhão de aves que secas já cantaram.

Ou minerar entre pedras de gritos,
sendas do espanto em que gordas aranhas
roem a convulsão dos corpos proscritos,
morta multidão em fétidas sanhas,
minerar a cordilheira de gritos.

Que um turbilhão de ouro vomita assombro
pela relva sem termo dos gemidos
coagulados na treva sob a sombra
de estrelas rangendo em tantos ouvidos,
turbilhão de ouro a vomitar assombro.

Quanto de estrela há nesse invisível,
rumo da ínfima parte de matéria
de onde música irá vestir sensível
verbo a sugar da luz todo o mistério,
quanto de estrela há nesse invisível.

O transe do enigma segue em sonho
por novelo de ferro feito vento,
fruto de ar no queimar onde suponho
o constringir o ser sem mais lamento,
que o transe do enigma segue em sonho.

XXVII

Portanto
a história da estrela é o indizível
não por dramático desenrolar das convulsões atômicas
nem pelo fim em compresso grito gelado
mas se pensarmos início de uma energia desperta
não se sabe de onde nem muito menos por quê
ou pelo término das estrelas gigantes
em um ponto em que o eterno vomita
desde um negro túmulo gravitacional
a ausência mais veemente
na ausente face da esfinge.

Portanto
uma estrela bem pode fabricar
encruzilhada de enigmas:
queimar o rosto nas agulhas de tempestade;
o Buda talhado em pedra que se evapora
quando nela se balbucia eternidade;
gato branco a passear semente de nuvem;
perder o que mais se ama
fruto a madurar na rama;
pois basta viver
para tudo se perder
outro transe renascer;
chaga que lavra
na paciência da chama;
quanto clama após a última palavra;
tudo o que se vê além do verbo
puro real em deserto acerbo;
crepitar de intraduzível;
o melhor caminho uma treva de gelo;
sopro a imprimir no ar vago selo;
clarão morto a vagar no céu.

Portanto
estrela é sonho
que não nasceu.

XXVIII

Que já regressa pela estrada que dá para o invisível
os lentos passos de Alberto Caeiro a dizer
que o que vemos das coisas são as próprias coisas
(por que veríamos uma coisa se houvesse outra?
o essencial é saber ver...),
enquanto do ensimesmado Fernando Pessoa o vulto
desponta em sussurro de nações serem imensos mistérios
pois nada devemos procurar nem crer: tudo é oculto.
E se acaso Pessoa se entusiasma
e em febre se derrama no respirar Álvaro de Campos
ainda ouvimos ecos de estranhezas formidáveis
a gritar que não, não, isso não!
Tudo menos saber o que é o Mistério!
Superfície do Universo, ó Pálpebras Descidas,
não vos ergais nunca!
O olhar da Verdade Final não deve poder suportar-se!
Que já regressa por estrada que se abre no indefinido
os passos misturados deste poeta tamanho
que é tantos em um só multiplicado
pois assim complexas fábulas se enredam
por sarabandas de cósmicas revoadas.
Poesia, tanger segredo a habitar memórias
desabitadas.
Recolhamos os mortos que do invisível brilham
nos lábios dos sorrisos que nem Deus soabre.
Enigma que se escorrega por correntezas
em luz e som, surda treva o abolir certezas.

XXIX

NA CASA DE FERNANDO PESSOA

Visitar-te, Pessoa, no museu-casa da rua Coelho da Rocha,
em Lisboa — onde passaste os três últimos lustros de vida —,
me deixa a difusa emoção do percorrer espaços raros
onde poesia se mistura ao indefinível silêncio
que em cada objeto perdura,
tal se o poeta fosse simplesmente entrar, tirar o sobretudo
e se assentar à estreita cama, depois de, no caminho,
colocar o chapéu sobre a cômoda-escrivaninha.
Ah, mítica cômoda-escrivaninha! Foi sobre ela, em pé,
que em 8 de março de 1914 o poeta escreveu de enfiada
metade d'*O guardador de rebanhos*
("desculpe-me o absurdo da frase: aparecera em mim
o meu mestre", dirá um alumbrado Pessoa),
para em seguida, também a fio, escrever
as seis partes do poema "Chuva oblíqua" ("foi uma reação
de Fernando Pessoa contra a sua inexistência", dirá também o poeta
diante da tempestade de pássaros que se chamou Alberto Caeiro).
Três meses depois irromperiam quase que simultaneamente
nas brumas do alheamento
Ricardo Reis e Álvaro de Campos,
o primeiro, discípulo em feitio clássico de Caeiro, o segundo,
vulcânico antípoda futurista aventureiro.
Aproveitei a distração do guarda do museu
para me esticar e tocar a madeira da cômoda-escrivaninha
tal se estivesse a buscar invisível contato
com a impassível sombra de Caeiro,
enquanto uma absurda luz se infiltrava pela janela
a vir pousar a ilusão de ser
no diamante deste quarto a espargir
névoas do sonho de não existir.

XXX

São tantos os poetas que do enigma de ser
fizeram tema e força no percorrer
caminhos que descem da febre e vêm desaguar
em inútil seara, campos de naufragar,
são tantos os poemas, tamanho o desconforto,
que a todos venho saudar com a gravidade
dessa vaga partilha por entre essa enorme família
que no conhecer jamais terá porto.
(Por tudo já não sei a razão de me ocorrer
ainda uma vez Caeiro
a dizer que a natureza é partes sem um todo
quando ao contrário poderia ser o conjunto mais perfeito
de todas as partes metidas por essa engrenagem adentro
a que chamamos de todo?
Nem uma coisa nem outra.
A natureza são quintilhões de partículas atômicas
em danças quânticas pelas múltiplas dimensões
que os olhos não podem avistar
mas somente participar na medida
em que também são partículas a receberem imagens
dessa tal de natureza em partes sem um todo
ou de uma totalidade fantástica
a sorrir por cada parte que se enovela no todo.
O que isso quer dizer?
Nada além de palavras
na busca de se definir natureza
totalidade sem fragmentos
ou o inteiro fatiado em partes
— toda matéria que brota do fantasmático bóson de Higgs
partícula de Deus no inominável? —
quando as palavras não bastam.
E por pouco revelarem
é que às gargalhadas
se acendem nos poemas
tal se fossem madrugadas.)

XXXI

Com quem conversamos na difusa
noite por lábios de um anjo
que se ausenta em cada palavra
maravilhada?
Com quem conversamos no profundo
sentimento da ausência,
escorrer de água por invisível
chão, fonte sagrada?
Com quem conversamos se a morte
selara lábios e palavras,
restos de música subterrânea
à beira do nada?
(De que se nutrem esses diálogos
de treva, esta íntima vertigem
das sinfonias caladas?)
Virá pela mão do frio
o último acorde vazio
da madrugada.
(Inconsolável grito da sereia
esculpido em sangue e fulgente areia.)

XXXII

Vozes que me indagam sobre a verdade do ser
de que longes águas bebem vossas mágoas?
Ah ter a alma simples que jamais terei!
Tentativa de um escorço de mestre Caeiro
e da alma zen que por ele escorrega
sem maior esforço.
Possuir a voz natural de água sobre pedras,
cantar de pássaro no anoitecer.
Silente verdade de ser
que em mim remói nada saber.

XXXIII

Vagas estrelas da Ursa
(como trabalham na alma
constelações de Leopardi!)
em que esfinge sem fundo
tombaram teus cálidos diamantes?
Não poderia repetir tantos versos sonoros
sobre os jardins verdejantes
que hoje movem turvos desertos,
flores secas dentro de um vaso distante.
E assim os jardins que da infância
se perderam em meio aos ossos delirantes,
fúrias que forçam músculos desta manhã já morta,
focinhos duros, ásperos chicotes a estalarem
vazios, brisa de cinzas, lâmpadas tortas.
Sonâmbulas estrelas do tempo escasso
nenhum futuro se esclarece
ao se pensar o passado em novas memórias,
vagos espaços do que não se tece.

XXXIV

Talvez fosse até motivo de alegria
mas sinto pena das árvores darem frutos
e espinhos
sem nunca saber por quê.
Que os animais estão parindo
sem nunca saber por quê.
E os rios correrão por onde deverão
sem nunca saber por quê.
Assim as nuvens, o tempo,
o universo.
Não me peça, mestre, para deixar
de indagar
ou inutilmente me alegrar.
Mesmo que não seja triste,
sem resposta a indagação existe
sem jamais saber por quê.

XXXV

Não há que lamentar dos deuses o nenhum entendimento.
Fico só com a razão e deixo a luz escorrer
sobre a treva subjacente.
Quanto construímos com qualquer instrumento,
tal esta palavra a se desenrolar no momento,
quanto se constrói é forma de forçar
agudas portas que se trancam no silêncio.
Há uma ausência essencial quanto mais concretas
as pedras ardem no vento ou nas palavras.
Não há que colocar nas mãos dos deuses
que não existem
a absurda máscara nem o áspero fingimento
de tudo se esclarecer nas asas do pensamento.
Mergulhar nas águas nenhum existir
pois de tudo sentir nadar o nada.

XXXVI

Em mim quem escreve é uma ficção a se estranhar
do próprio ato de escrever no que se esquece
por labirintos tão vagos que nem sonham se mostrar.
Quem escreve por mim é um passar de vento
noturno que irreconhece o próprio escuro
nessa ilusão de estar.
Por isso há de permanecer ressoando esta sorte de energia
que não é de ninguém e portanto a todos vai alcançar.
E por saber que o estranho
— seja em tempestade ou calmaria —
é o que sempre irá reinar neste movimento tão neutro
de quem sabe o que nem sabe
a pensar se já sabia o que definitivamente se cala
quanto mais esplende o dia.
Assim o espanto de ser traz em névoa o coração
que no pulsar real e concreto
se desfaz em ficção.

XXXVII

Para que se construa o mais real personagem
há que se despersonalizar até a paisagem
que vemos e já não vemos
abstrato olhar iluminado
luzeiro imaginário da linguagem.
Matar a persona ficcionada
é esfaquear o nada.
Caeiro nunca foi Pessoa
e quanto lermos será distância
onde sino algum ressoa.
Hamlet é um fantasma que arde
personagem mais presente que o autor
que se despersonalizou
e alguma vez o criou
espelho baço.
A leitura do mundo sempre foge no espaço.
Escrever uma morte para Caeiro que inventamos
quando a brisa é tanta que não mais estamos.

XXXVIII

O Sumo delira ocultar-se.
Nenhuma catarse de ouro,
nenhum uivo do diamante
irá romper a espessura
inacessível.
Não encontraremos o rosto,
o centro da gema incandescida.
Granito que se esconde
máscara e desatino.
Feras gritam no vazio
a impossibilidade do nome.
E circulamos, circulamos,
incorpóreos, absolutos, dissimulados.
A obliquidade é agudo reino
que nos disfarça nublado.
Qualquer escritura é sol indecifrável,
diabólico sagrado.
O insuportável traça sombras,
o fingimento se instala.
Perenes dons do Sumo irrevelável.

XXXIX

Trata-se de um animal que imaginou
conhecer a noite.
Estremunhou-se, estranhou-se, sacudiu a pelagem
escura e se fez noite madura.
Digo de conhecer o espanto.
Seguir uma trilha de prata tal se soubesse
amanhecer.
Era apenas o resvalar no invisível
os milagres que operam do outro lado de tudo.
(Mas que lado seria esse?
se entreolhavam fontes carpideiras.)
Trata-se de um animal inimaginável.
Do mesmo jeito que a ciência diz
que um átomo é um átomo
e o susto quântico uma lua
às vezes enlouquecida.
Um animal imaginou
mastigar estrelas.
(Crer no real
pela ilusória permanência das sólidas vertigens.)
Algo que possa ser alto em poesia
mas que é pequeníssimo passo,
algo que não há de sair do lugar
mesmo se no infinito espaço.

XL

Não toque nos dentes da água nas fibras do ar
nos faiscantes demônios de um pesadelo escarlate,
não toque na barriga do fantasma
no reluzente sexo fantasmático nem homem nem mulher,
não toque na minha coleção de delírios
nos versos radiativos do planeta que se esfarinha,
não toque no silêncio dos venenos paridos
nos cósmicos despenhadeiros em ossos cristalinos,
não toque nos sinos que despertarão os túmulos comovidos
nos espelhos a refletirem odores intensos das famílias,
não toque no espasmo imenso e sem sentido
nas estrelas que mugem abstratas ilhas,
não toque por deus nas palavras costuradas na pele
nos sonhos enfiados pelas bocas nos destinos socados nas gargantas,
garatujas de vácuo e esplendor fedendo
podridas músicas um dia esplendoroso deserto.

XLI

se eles jogaram mesmo as sombras nos rios
foi pra que elas não voltassem nunca mais
nem mesmo se as fontes rebrotassem e urinassem
por todos os caminhos & não me venha
dizer que tudo afinal era o vulto
do Nada & esta plantação de névoas
nas asperezas do rochedo atolado até a raiz
em abismo sem fim onde sementes
amarelas arrancadas das goelas dos vulcões
trouxessem as derradeiras notícias que não revoam
aqui nem nos selvagens descampados
onde o sol foi aos poucos rosnando
turvos reflexos imaginários
no inexistir espelhos que dessem
conta do recado & todas as respirações
azuis dos anônimos esquecidos fornicados
empilhados destroçados nas cidades
das covas comuns & animais exauridos
a arrastarem pelas trevas apagados instintos
de infinito & nem me traga jamais
o tardio plantio dos meteoros apocalípticos
inconjugáveis verbos nas chamas do indistinto

XLII

ânforas do desconhecido, urnas
que rangem impossível, resfôlego
junto às furnas encobertas,
bafio de cães, cerâmicas azedas,
quanto não se arma nas palavras
rumores raivosos, alicates
em vinagre, carne esfolada
se enerva, trava, muco sombrio,
pele que não se revela, sombra
lodosa, óleo obtuso, parafuso
de cinzas, ânforas atufadas de obscuro
(só a magia compõe-se ao enigma
tal uma língua de cristal escuro
nos sexos dos corações noturnos:
totens de névoa as respirações
mercuriais
satãs mordendo vertiginosos saturnos)

XLIII

Caeiro às vezes me lembra um cientista
a dizer que somos em essência compostos
de tais e quais elementos químicos
e que em breve explicaremos com clareza
o modo por que a vida se instalou
em moléculas inorgânicas que se enovelaram
para que o verbo pousasse em certas enzimas
e a razão por fim explodisse em vertiginosa carnação.
Nada disso me tranquiliza
por essa viagem em signos de tão pouco conhecer
pois se somos imenso sonho a incendiar corpo e alma
e a olhar perplexamente o destino das estrelas
não tenho nenhum prazer em fechar as janelas
e a me recolher de maneira sonâmbula ao quarto
para adormecer tal uma fábula esquecida
das engrenagens de silêncio e espanto
enquanto a morte trabalha
o infinito apagamento de todas as galáxias.

XLIV

Mas também é do feitio de Caeiro dizer
da importância de haver mistério por tudo
pois se não houvesse o mistério
ou algo semelhante à doentia perplexidade humana
haveria uma coisa a menos no mundo
e sempre faltaria algo com que afinal se importar.
Então Caeiro é dos nossos, dos nossos,
e todas as emboscadas que contra ele armamos
já resvalam no vazio e vêm ter
onde não há nada por ser, nada por estar.
Ele é um dos nossos, dos nossos,
e esta exaltação que não se altera
e flui na voz amarela de um eco distante
se volta sobre os próprios passos
tal a recordação que imprime os rastos
em chão incorpóreo
a conduzir o ontem por coisa nenhuma
somado ao amanhã que nem mesmo é espuma.
O agora já fugiu para a recordação
que sempre será de um espelho a traição.
Caeiro, animal humano
que a natureza produziu
nos arcanos da imaginação,
será de fato um dos nossos
ou silvo falso de esfinge
que a falha razão reluziu?

XLV

O encanto é uma chama de assombros descabida.
Inventemos alegria, um gato de patas douradas
a refulgir no dia.
Celebremos a ausência de sombras, festejemos
este único instante da vida
mesmo que por pulmões de agonia.
A viagem é rápida
o abismo absoluto.
Cantemos um sorriso de nuvem
mesmo feito de ruínas
mesmo apagado desde o eterno.
Estes clamores de sangue
são nossas mãos que se enlaçam sem palavras,
nossos corpos constelados,
o esquecimento do frio por campos desolados.
Gritemos esta chama de sonhos descabidos.
Não haverá outro tempo.
Não demos à morte ouvidos.

XLVI

Penso se os escritores humanistas, aqueles que elevam
e quase tornam sagrados os atributos humanos,
seriam melhores ou piores que os anti-humanistas,
os que recolhem da alma o lodo que todos
buscam esconder, realeza contra infâmia,
gestos nobres contra atrozes sentimentos,
e fico aqui sem saber o que fazer com esses contrastes,
embates que a tantos possam indicar
caminhos de luz ou as estradas mais comuns
dos anônimos perdidos nas entranhas das cidades.
Imerso em tais pensamentos, vejo de repente na rua
um jovem homem tomar uma cega pelo braço
e conduzi-la para dentro de um ônibus
com todo o cuidado, o que faz a mulher sorrir uma flor amarela
lindamente junto às palavras que o homem segue dizendo
aos ouvidos dela.
Penso no amor, na solidariedade, e já não sei
se vejo este homem pelo olhar da heroicidade
ou se insisto em pensar que cada ser é um mistério
trancado no turbilhão de emoções que tantas vezes
conduzem o mesmo herói ao abominável fracasso.
Sabemos pouco, insisto, mas o floral sorriso da cega
permanece a arder no espaço.

XLVII

Quanto mais o real brota diante dos olhos,
quanto mais penetramos o segredo das partículas bem ocultas,
quanto mais dormimos o segredo a sacudir o irreal pelos cabelos,
quanto mais imaginamos que as construções humanas se fixam em terra firme,
quanto mais vamos daqui para o abstrato
a fim de regressarmos a este lugar que não mais reconhecemos,
quanto mais nos agarramos aos hábitos
para exorcizarmos a estranheza,
mais sabemos da obscura face que jamais alcançaremos
por não haver em nossos sentidos nenhuma tradução
que a possa definir à medida que os textos resvalam para o vago,
apesar de vermos, ouvirmos, cheirarmos, organizarmos,
tocarmos esse espanto que espreita sem palavras,
fluidez que se nega a dizer que é por inteiro inútil
buscarmos atar ao peito a imensidão sem termos
por onde seguimos tecendo imprestáveis pareceres.
Sorriso de viés em que colhemos
a incerta indulgência de afetarmos
uma improvável compreensão.

XLVIII

Por tudo regresso ao clarão de mestre Caeiro.
(Quis muito seguir os passos de Caeiro,
mas tudo quanto vivi
dele me deixou pouco cheiro!)
Pois esta flor há de ser apenas flor, mas a boca amarga.
Este universo acontece tanto fora quanto dentro de nós
e passará ou regressará em sumos paralelos
sem que nada se possa fazer ou sonhar,
coração a amargar
embrulhado em pesadelo.
Este mistério só é mistério
para os doentes do espírito,
mas a inexistência de tudo
amarga.
Deito a dor de cabeça no travesseiro de assombros
para sentir cada minuto se esvair em um transparente
sorriso,
ardente realidade que amarga,
amarga.
Esta realeza que amargura
quanto mais a festa se inaugura
e os sentidos se deixam escorrer
pelo infinito dicionário
igual a um deus em busca das palavras
que o vento desde sempre esqueceu.

XLIX

Foi quando sonhei que escrevia
uma outra morte para Caeiro
diversa daquela que Pessoa
imaginou e outros escritores ficcionaram
por todos esses longos tempos
em que lemos um guardador de rebanhos
que nunca foram guardados
e que voaram na imaginação
por improvável estação
esquecida dos frutos que deveriam brotar.
Talvez o que mate Caeiro
seja só o desconforto
de não conseguir segui-lo
neste meu caminho torto.
(De certa forma já em Álvaro
de Campos ele seguia morto.)
No mais
qualquer criação é nada
pois dos deuses a fala vazia
apaga cada sombra na estrada.
Nem sei se ainda devia
insistir na poesia
que por tudo arde tão tarde.
Amor que sentimos no que não há,
por isso tratamos de ainda pensar
que se tudo é ar
— e menos que ar —
quem sabe a sabedoria
seja só deixar passar
o mesmo eterno rebanho
que de tanto inexistir
é forma perfeita de sentir.
Pois o que comigo não trago
faz-se amar o mundo vago.

Rio de Janeiro, maio/junho, 2012

AFONSO HENRIQUES NETO

AFONSO HENRIQUES DE GUIMARAENS NETO, que se assina literariamente como Afonso Henriques Neto, nasceu em Belo Horizonte, Minas Gerais, em 17 de junho de 1944. Formou-se em Direito pela primeira turma da Universidade de Brasília em 1966. Mora no Rio de Janeiro desde 1972. É professor associado aposentado do Departamento de Estudos Culturais e Mídia da Universidade Federal Fluminense. Obteve o título de Doutor em Comunicação pela Universidade Federal do Rio de Janeiro em 1997.

Livros de poesia publicados: *O misterioso ladrão de Tenerife* (coautoria com Eudoro Augusto), Goiânia: Oriente, 1972; 2ª edição pela editora 7Letras, Rio de Janeiro, em 1997, comemorando os 25 anos de lançamento; *Restos & estrelas & fraturas*, edição independente, Rio de Janeiro, 1975 (a editora 7Letras, Rio de Janeiro, reeditou o livro em 2004); *Ossos do paraíso* (edição independente, Rio de Janeiro, 1981); *Tudo nenhum* (São Paulo: Massao Ohno Editor, 1985); *Avenida Eros* (São Paulo: Massao Ohno Editor, 1992; *Piano mudo* (São Paulo: Massao Ohno Editor, 1992); *Abismo com violinos* (São Paulo: Massao Ohno Editor, 1995); *Eles devem ter visto o caos* (Rio de Janeiro: 7Letras, 1998); *Ser infinitas palavras* (Rio de Janeiro: Azougue Editorial, 2001); *50 poemas escolhidos pelo autor* (Rio de Janeiro: Edições Galo Branco, 2003); *Cidade vertigem* (Rio de Janeiro: Azougue Editorial, 2005); *Uma cerveja no dilúvio* (Rio de Janeiro: 7Letras, 2011).

Em 2009 publicou pela Azougue Editorial o livro de traduções de poesia *Fogo alto* (poemas de Catulo, François Villon, William Blake, Arthur Rimbaud, Vicente Huidobro, Federico García Lorca e Allen Ginsberg).

Em 2014 publicou pela Azougue Editorial, Rio de Janeiro, seu primeiro livro de contos, *Relatos na ruas de fúria*. Ainda em 2014 saiu pela editora Ibis Libris, Rio de Janeiro, o livro *Máquinas do mito: das artes & ideias híbridas*.

Organizou para a Editora Global, de São Paulo, os seguintes livros: *Melhores contos de João Alphonsus* (2001), *Melhores poemas de Alphonsus de Guimaraens Filho* (2008) e *Roteiro da poesia brasileira – anos 70* (2009).

Participou de diversas antologias, entre elas *26 poetas hoje* (org. Heloísa Buarque de Hollanda), Rio de Janeiro: Editorial Labor do Brasil, 1976 (reeditada pela Editora Aeroplano, Rio de Janeiro, em 1998); *41 poetas do Rio* (org. Moacyr Félix, Rio de Janeiro: Funarte, 1998); *Correspondência celeste – Nueva poesia brasileña* (1960-2000), ed. Adolfo Montejo, Madrid: Árdora Ediciones, 2001; *Azougue 10 anos*, org. Sergio Cohn, Rio de Janeiro: Azougue Editorial, 2004; *Antologia de poesia brasilera contemporània*, org. Ronald Polito, Barcelona: Edicions de 1984, 2006; e *Poesia.br*, org. Sergio Cohn, Rio de Janeiro: Azougue Editorial, 2012.

Trabalhou na Fundação Nacional de Arte – (Funarte) na condição de editor de texto do Departamento de Editoração de 1976 a 1994. Dirigiu o Setor de Editoração da Fundação Casa de Rui Barbosa de 2005 a 2009. A partir de 2011 tornou-se editor da revista *Poesia Sempre*, publicada pela Fundação Biblioteca Nacional, cargo que ocupou até 2013.

ESTE LIVRO FOI COMPOSTO EM PT SERIF E IMPRESSO
NA GRÁFICA PSI7 NA CIDADE DE SÃO PAULO